Anonymous

Der Vertraute, aber dummkühne Mönch

an seinen über den entworggenen Reformations Plan bekümmerten Mitbrüder

Anonymous

Der Vertraute, aber dummkühne Mönch
an seinen über den entworggenen Reformations Plan bekümmerten Mitbrüder

ISBN/EAN: 9783743479890

Hergestellt in Europa, USA, Kanada, Australien, Japan

Cover: Foto ©ninafisch / pixelio.de

Anonymous

Der Vertraute, aber dummkühne Mönch

Der vertraute

aber

dummkühne Mönch

an seinen

über

den entworffenen

Reformations Plan

bekümmerten

Mitbruder

Mit Anmerkungen.

Cöln am Rhein 1 7 8 2.

Lieber Mitbruder!

Jch weiß nicht, wie du mir vorkömmſt, mein
Lieber! Dein letztes Schreiben verräth
den bitterſtenKummer; Winſeln und Jammern
muß ich in jeder Zeile leſen. Es iſt nicht an-
derſt als wenn du alle deine Worte aus einem Jeremias geborget hätteſt. Du kannſt
das Schmähen und Läſtern gegen die Ordens-
ſtände nicht verkochen. Alles will die Mönche begraben wiſſen; alles will ſie vertilget ſehen: Hierüber willſt du ſchon verzweifeln! —
Kleingläubiger, der du biſt! So haſt du denn
ſchon die ſüßen Worte desjenigen vergeſſen, der
dich durch ſeine geheimen Rührungen, alles zu
verlaſſen und ihm zu folgen, berufen hat? Hat
er dir nicht nebſt dem Hundertfältigen auch die
Verfolgungen verheißen? *) Nimm deinen
Theil, und ſey damit zufrieden. Allein, du
beſorgeſt mißliche Umſtände: Du fürchteſt He-
liodoren, welche die geheiligten Schätze der
Braut Chriſti rauben, und wie der bezau-
berte Aaron die Halszierden der israelitiſchen
Töchter zerſchmälzen werden, um ihrer Hab-

ſucht

*) Marc. C. 10. V. 30.

ſucht einen goldenen Opfergott geſtalten zu können?

Die katholiſchen Monarchen ſehen wohl
jene ſo ſchwere als ehrenreiche Pflicht ein,
daß ſie als chriſtliche, als gerechte Monarchen,
nur darum zu dieſer glänzenden Stufe ſeyen
erhoben worden ; daß ſie den ſchönen Mahl-
ſchaß der Braut des höchſten Königs, die
Religion in ihrem Schimmer erhalten ſollen.
Gott geweihte Häuſer entheiligen, Prieſter aus
ihren geheiligten Einöden verjagen, ſo göttliche Opfertiſche der geiſtlichen Verſammlun-
gen öde machen ; mit Lilgen durch ſo viele
Jahre prangende Jungfrauen unter die allent-
halben ausgeſtreuten Dörner der Weltgefah-
ren, über welche ſie bisher heldenmüthig ob-
ſiegten, zurückſtoſſen: Dieß ſind nur Hand-
lungen einer mehr als heidniſchen Raſerey, *)
welche obwohl ſie das Evangelium Chriſti und
die von ſeinen Apoſteln angerathenen Keuſch-
heits Gelübde als Thorheiten verlachet, doch
die Aſchen ihrer Veſtalen als unvergeßlicher
Mei-

---

*) Wie? Iſt es nicht eine Wohlthat das zärtli-
che Geſchlecht von den Feſſeln des dummen
Aberglaubens befreyen? Nicht eine menſchen-
freundliche Handlung, die müßigen Prieſter
ſo beſchäftigen, daß ſie auch andern, ihrem
Beruf gemäß, nüßlich werden?

Meifterinnen über die brennenden Leidenfchaf-
ten der verderbten Natur zu Rom verehret.

Die Grundfefte der Herrfchaften und
Monarchien war in jenem Weitalter die wohl-
behandelte Religion, *) welche Gott gibt was
Gottes ift, und dem Kaifer was des Kaifers
ift. Selbft die Erhabenften unter den Prote-
ftantifchen Rechtsgelehrten unferer Zeit find
keiner anderer Meinung. Wenn Saul fich
des geweihten Rauchfaffes anmaffet, welches
nur ein Vorrecht der befondern Priefterzunft
Levi war, fo verlieret er nebft Gottes Huld
zugleich die Würde des Königs. Der baby-
lonifche Fürft verwendet die aus dem jüdifchen
Tempel mit Gewalt fich zugeeigneten Gefchir-
re zur Ueppigkeit feiner Lüfte; und der Pro-
phet fchlug ihn fogleich mit dem von Gott
über ihn an die Wand verzeichneten Urtheile:
daß fein Reich in die Hände der Meder und
Perfer verfallen werde.

Weit anderft find die Gefinnungen unferer katholifchen Regenten. Wie können fie
Sultanen feyn, welche die heiligen Oerter
mit ungerechter **) Maut belegen wollen? Läßt

a 3   uns

---

*) Freilich wohl, aber nicht der Mönchftand.
**) Das nicht. Nur das können und werden fie for-
   dern, was ihnen gebühret. Gebet dem Kaifer,
   was des Kaifers ift.

uns nicht vielmehr ihre Gottesfurcht durch ih=
re uns beyden beſtbekannten öftern, und zwar
öffentlichen Beſuch des höchſten Prieſters bey
dem Genuſſe der heiligen Sakramente höchſte
Huld und Gnade für das ſämmtliche Prieſter=
thum hoffen? Ja, da wir vielmals mit ent=
zücktem Geiſte ſie bey den feierlichſten An=
dachten, bey den geheiligten Treppen der Al=
täre, in den berühmteſten Gnadenorten mit
dem Könige Himmels und der Erden ganze
Stunden lang ſich beſprechen ſahen, ſollen wir
*) von der Regierung ſolcher unſchätzbaren
Monarchen nicht höchſten Schutz und alle
Wonne uns weiſſagen?

   Wie kömmſt du doch auf den albernen
Gedanken, daß du dir ſchon die betrübte Be=
gebenheit der griechiſchen Geiſtlichkeit, in den
Tagen Peters des IIIten Czaars in Rußland,
zu bekümmerten Vorſtellungen macheſt? Da=
mals wurden freylich die Gefälle der Prie=
ſter, welche gottſelige Fürſten geſtiftet und
genaue Wirthſchaft vermehrt hatten, in ſehr
beträchtlichem Maaße beſchnitten; die beſten,
die glimpflichſten Vorſtellungen der Metropo=
liten halten ein wildes Nein zur Antwort; die
Ze=

---

*) Wir: das iſt, wir Mönche. Wie lächerlich!
  Machen denn die Mönche allein das Prieſter-
  thum aus?

Zehendleistung wurde sogar dem geheiligten Vermögen aufgeladen; Peter vergaß ganz geschwinde., daß er ein Enkel der gottseligen Elisabeth Petrowna war; ihre ihm auf ihrem Sterbelager mit gekrönter Wohlredenheit so gewichtig ertheilten Anempfehlungen der Priester erloschen eben so behende in seinem Gedächtnisse, als das Leben dieser gnädigsten Landesmutter vor seinen Augen. Allein, bringe nur nicht unsern katholischen Regenten mit diesem abgethronten Prinzen, dem der Fürsten Geist schon in der ersten Stunde mangelte, in eine Vergleichung.

Der Monarch, schreibst du mir, ist zwar kein Jeroboam, der die Hände gegen die Priester ausstreckt. Er ist kein Achab, den man erst durch den Propheten belehren und warnen muß, sich fremder Güter nicht zu bemächtigen; noch weniger solcher Güter,*) welche in den Opferstock des Tempels zur

a 4　　　　　　　　　　　Er-

---

*) Wenn er es thäte, so läßt uns sein Herz vermuthen, daß er diese eingezogenen Güter zum Besten der Religion verwenden werde. Gründliche Belehrung des Volks in den Pflichten der Religion befördert das Beste derselben weit mehr, als die reichen Opferstöcke und Schätze, von welchen sich die Diener des Herren mästen.

Erhaltung der Diener des Herrn von seinen höchsten Vorfahren und Anherren, glorwürdigsten Fürsten Rittern und anderen Gottseligen Leuten hingelegt wurden. Freylich, schreibst du, kann diesem erlauchten Monarchen Konstantin der große das Muster *) aller guten Fürsten nicht unbekannt seyn : Er, dessen unermüdeter Geist in alle Fächer des Alterthums so ringfertig eindringt, muß auch vollkommen belehrt seyn, daß dieser große Kaiser die Geistlichkeit auf das höchste ehrte; daß dieser Fürst sich durchaus nicht zu einem Richter über die Priester aufwarf, auch in dem Kirchenrathe zu Nicáa in Bythynien den untersten Ort wiewohl auf einem der Majestät anständigen Stule, der doch um etwelche Stufen niederer war als jene der Bischöffe genommen habe.

Allein es stehen Räthe in diesem von sich selbst ganz eingenommen Weltalter auf; Räthe, welche nur den Trieben eines gewissenlosen Eigendünkels und Aberwitzes mit Riesenschritten nachlaufen, aber bey wohlgegründeten und christlichen Vorstellungen gefühllos verharren.

Schon

---

*) Ein gutherziger Herr mag wohl Konstantin gewesen seyn, allein es fehlte ihm zu sehr an tiefen Einsichten, um für ein Muster guter Regenten gehalten werden zu können.

Schon recht, mein Lieber! Ich bemerk=
te dieß eben so, wie du. Wir finden freylich
Leute im weltlichen und Kirchen Staate, wel=
che dreister über die den Kirchen und Klöstern
aus Andacht zugedachten Güter und tägliche
Gutthaten, so, wie über den an die Füße
Christi gestrichenen kostbaren Nardensaft lä=
stern. Man könnte, murret der Wuchergie=
rige, als der geldhungrigste Jude der Zunft
Ephraim, bey der Staatskasse aufgestellte Se=
ckelmeister: man könnte von so reichlichen Ein=
künften der Klöster mehrere Spitäler Kran=
ken = Waisen=Findel = und Armenhäuser errich=
ten; man könnte die Gehalte der öffentlichen
Lehrer, die weltlichen Amtsbesoldungen um ein
merkliches verbessern, und dadurch Gelehr=
theits Eifer und Gerechtigkeits Liebe befördern:
Also könnte man auch aller Untreue der Lan=
despfleger auf einmal ein Ende geben.

Dieß sind freylich die heißen Wünsche,
und mehrstentheils Wünsche von jener Gattung
der Menschen, deren (ohne Rücksicht auf ihr
manchesmal selbst der klösterlichen Auferzie=
hung zu verdankendes Herkommen) Ubermu=
the, Ueppigkeit, Schwelgerey und Ausschwei=
fungen die jährlichen Einkünfte nicht hinrei=
chend seyn wollen. Es ist das Verlangen oft
solcher Leute, welche der äffende Putz ihrer

sa=

ſakramentaliſchen Hauspuppen oder gar der
verdammte Unterhalt einer heimlich geliebten
Dirne in einem Jahre ſoviel koſtet, als die
Verpflegung eines halben Kloſters. Es iſt
auch die Meinung derjenigen, welche nachdem
ſie lange genug durch künſtliche Schelmenſtrei-
che ihre Herren getäuſchet, das Blut der armen Bürger ausgeſogen, und ſchon auf der
letzten Sproſſe der verdienten Galgenſtiege
ſtunden, endlich mit einem Kamelmäſigen
Schuldenpacke beladen, die Flucht nehmen *
Allein, ſitzt denn nicht der Monarch auf
dem Throne, der ſelbſt regiert, und deſſen
weiteſte Ausſichten, allen Erfindungen derley
Grübler ſchon lange zuvorkam? Er der klü-
geſte Regent bemerkt gar wohl aus der Erfah-
rung, daß geiſtliche Güter nicht ſo fruchtbar
von ungeweihten Händen gebauet, ** verpfle-
get und erhalten worden, und daß die geiſtlichen Schätze in den Händen der Layen ſo jäh-
ling

---

* Ein kleiner Ausfluß von ſchwarzer Galle.
** Sind wohl die Hände der einem Kloſter un-
terthänigen Bauern deßhalb geweihet, weil ſie
für geiſtliche Bäuche arbeiten? ſelbſt bauen
doch dieſe bequemen Herren ihre Felder nicht
an. Warum ſoll ſich der Segen des Himmels
nur ſo lange auf die fruchtbaren Felder ergieſ-
ſen, ſo lange ſie zum gemächlichen Unterhalt
der Mönche beſtimmet bleiben?

ling als jenes häßliche Kraut, welches nicht
jede Betastung dultet, welken und verschwin=
den. Es ist ihm besser, als uns die Lage der
im sechzehenden Jahrhunderte in weltliche Hän=
de gefallenen Abteyen Hirschfeld, Walkenried,
Maulbronn, Königskron, Saalfeld, Wald=
sachsen, Quedlinburg, Heerforden, Gering=
rode und mehrerer andern bekannt. Er weis
nur gar zu wohl das billige Weheklagen der
vernünftigern Herren Protestanten über die
unüberlegte Austilgung der Stifter und Klö=
ster Kinder, welche der Welt nicht dienen
wollten, und dennoch eines strengern Ordens
wegen Zärtlichkeit ihres Herkommens unfähig
waren, mußten ehemals in den Abteyen und
Kollegiatstiftern eine sich angemessene Lebensart
zu ergreifen, die aber anitzt oft keine andere
Wahl mehr haben, als nothgedrungen die
nächste beste Versorgung, so kümmerlich und
sinnwidrig solche auch immer ist, zu ergreifen.
Werthester! Glaube mir, der Regent,
der ewig herrschtn sollte, der will hierinn der
Freyheit seiner Unterthanen keine engern
Schranken setzen, * als einem jeden das Recht
der

---

* Es wird jedem frey stehen, auch ohne Mönchs=
kappe, die evangelischen Räthe zu befolgen.
Man kann arm leben, ohne in ein reiches
der

der Natur ausgesteckt hat: Denn obgleich der
Fluch in dem Paradise, sein Brod im Schwei-
se des Angesichtes zu gewinnen, alle Menschen betraf; so ist doch nicht ein jeder dazu
geboren, noch weniger gesinnt nur mit Hand-
arbeit, unter den ohnehin zahlreich übersetzten
Werkleuten sich zu ernähren; nicht ein jeder
ist gesinnt um tägliche 5 kr. und ein Stück
schwarzes Brod sein Leben im Kriegsdienste
auszusetzen; nicht ein jeglicher, unter einer
großen Rolle auf herrschaftliche Dienste mehrere Jahre lang hoffen müßender Rechtsgelehrten, und auf ein pures vielleicht sich trö-
stend, seine Fähigkeit und Talente einschreiben
zu lassen; nicht ein jeglicher will den ehelichen
Stand wagen, dessen häufige Beschwerden
handgreiflich sind.

Vor den Religionsstreitigkeiten nährten
sich in manchem Kloster 60, 80 und mehrere
Menschen von dessen reichlichen Einkünften;
wo nun der Landsherr das Mark, die zur Auf-
sicht darüber Bestellten das Fleisch, und etli-
che wenige Pfründner die abgenagten Beine
zur schmalen Nahrung empfangen.

Un-

Stift zu treten, um nach abgelegten Gelübde
der Armheit, bequem gemächlich, öfters auch
wohl zu leben, u. s. w.

Unſerm beſten Monarchen kann nicht eben ſolcher Erfolg von den eingezogenen Klöſtern verhalten ſeyn; da derſelbe durch das neueſte Schickſal der aufgehobenen Geſellſchaft Jeſu deutlich vor Augen liegt. Die Renten eines manchen Kollegiums, welche ehemals 12 mit weltbreitem Ruhme aufgeſtellte Lehrmeiſter, nebſt vielen andern um die Religion ſich ver= dient gemachten Prieſtern und Predigern ſtandsmäßig zu erhalten hinreichten, erklecken nun nicht 10 alleinige öffentliche Lehrer mit einem noch ſo ſehr magern Preiſe zu verpfle= gen: zu geſchweigen, daß die vorhin zur Er= bauung des Chriſtenvolks, zur Entzündung der Andacht mit einem dem Hauſe unſers Got= tes anſtändigen Schmucke prangenden Tempel itzt Opfer= Gottesdienſt= und Zierdelos da ſte= hen: *Zu geſchweigen, daß vereinigte Kräf= te zur Ausarbeitung wichtigerer Werke der Wiſſenſchaften immer ringfertiger ſind: Zu geſchweigen, daß ehemals bey etwa kränkli= chen Umſtänden eines Lehrers die öffentlichen Schulen, nicht wie heut zu Tage manchesmal eine längere Zeit geſchloſſen, ſondern auch die tauglichſten Stellvertreter verſehen wurden.

Un=

---

* Noch in allen Jeſuitenkirchen, wenigſtens hier zu Lande, wird der Gottesdienſt ordentlich ge= halten.

Unglückselige Staatsklügler, die ihr die Klostergemeinden ausrotten, die Freystädte der Tugenden bestürmen, plündern und schleifen wollet! Ihr Unweisen! Ihr selbst schlaget dem Staate, für dessen Wohl zu wachen ihr doch aufgestellt seyd, ihr selbst schlaget ihm eine schmerzliche, eine unheilbare Wunde. Wie? Ihr behauptet, die Vielheit der Klostergeistlichen sey dem Besten des Publikums schädlich? Wie wäre es denn, wenn etwa nur z. B. 10. oder 12 tausend Klostergeistliche würden im Weltstande verblieben und verehlichet seyn. Wie wäre es, wenn diese nur einzelne Söhne oder Töchter gezeugt haben würden? Freylich könntet ihr die Liste eurer Unterthanen vermehret, aber die Rolle der Dürftigen und Nahrungslosen nicht vermindert sehen: Und wie endlich, wenn so viele Hunderttausende, die nun euerer Rechnung nach in Klöstern wohnen, in dem Layenstande würden verblieben seyn? Wie viele eueter Untergebenen und Taglöhner, Kaufleute und Handwerker nähren sich nun von einer allzeit richtigen Zahlung aus den Klöstern; da indessen verschiedene euerer besten Bürger von manchem aus euch selbsten in großem Ansehen stehenden, hochgebietenden, nur mit Winseln und Laufen ihren zu fodernden Arbeitslohn oder Lieferungsabträge erpressen, wo nicht gar mit

Gallevollen Schmäheworten müßen quittiren laßen.

Liebster! Unter derley den Ordensständen Wehe bedrohenden Projektanten wirst du
ohne Zweifel auch den Herrn Reformator des
Deutschlands im gegenwärtigen Jahre, und
den unvergleichlich beschäftigten Herrn Todtengräber der Bettelmönche zählen, welche deinen Kummer empfindlicher machten. Allein
fürchte dich nicht.

Die Lebendigen ins Grabe verscharren,
dieß waren nur Tyrannen gewöhnt. Und
ganze von der Kirche Gottes gebilligte von den
weisesten Fürsten mit Freude aufgenommene,
bisher geschützte und von dem Volke als nütz-
lich geliebte geistliche Gemeinden in eine einzige Grube hinein zu werfen, dieß ist nicht einmal in den fürchterlichsten Pestzeiten geschehen.
Gewiß um 30 kr. hätte den Bettelmönchen
ein jeder Dorfsflurknecht ein schicklicheres Grab
als dieses Papierene ist, verfertiget; ohne daß
er sich des überfeinen Witzes eines oft sehr un-
richtig schreibenden Fleury * zu bedienen, und
fast die ganze Gestalt seines erbärmlichen Gra-
bes aus dessen Schriften zu erbethen angemaß-
set hätte. Sage er gleichwohl S. 6. nicht die
Begierde der Welt und ihren Lüsten zu entsa-
gen

─────────────

* Ein Dorn in den Augen der Mönche. O gä-
be es dergleichen Männer mehr!

gen, sondern Bequemlichkeit und Ruhe zu su-
chen, habe die Klöster des heil. Benedicts mit
Leuten schon im ersten Jahrhunderte ihrer
Stiftung angefüllt. Wenn dem also, wie
konnte dann eine so herrliche Anzahl der heiligsten * Männer schon dazumal aus den Klöstern entspringen? Eine Anzahl, die dem Regenten aus den Allmanachen der Kirche freylich besser bekannt ist, als etwa diesem erbärmlichen Todtengräber, dessen bestes Lesebuch un-
terschleifig gedruckte Schimpfblätter sind. **
Dieser vermeinte Staatswitzling will die
Mönche abgeschaft wissen; und indessen ge-
steht er doch auf der 16ten Seite freymüthig
ein: daß sich selbe um die damals unwissende
Welt in dem 11ten Jahrhunderte durch ihre
Gelehrtheit ziemlich verdient gemacht. Also
soll nun nach seiner Vorschrift das bitterste E-
lend der knotigte Lohn ihrer Verdienste werden? Diese Zahlung würde ja auch für einen Todtengräber sogar ungerecht seyn.

Will

---

* Ein alter Kunstgrif der Mönche auf die Zahl
  ihrer Heiligen zu pochen die der Kritik öfters
  verdächtig ist.
** Und du Heuchler verbirast deine Lästerungen
  unter dem Scheine der Frömmigkeit. Man
  kennet eure Masque, sie täuscht nicht mehr.

Will aber dieser Herr soviel sagen, daß in den Ordenshäusern manche vorfindig, denen es nur um ihren Leib zu versorgen zu thun war; so sagt er weder der Welt, noch dem geistlichen Stande etwas neues. Denn wie sollte es sonderbar zu einer Zeit, da alles Fleisch seine Wege verderben hatte, anderst können zugehen? Nur dringe er uns von darum diese Schlußfolge nicht als billig auf, daß dessentwegen schon alle Gesellschaften müssen aufgehoben seyn, weil mancher Schurk solche zum Deckmantel seiner Ausschweifungen mißbraucht; denn gewißlich würde sodann keine einzige Amtsstelle mehr auf der Welt sicher seyn; weil es in einer jeden immer Leute gegeben, die dabey zu Schelmen geworden sind.

Glaube mir nur, mein Werthester! Dieser federfertige Todtengräber weis keinen gehörigen Unterschied zwischen Einsiedlern und Ordensgeistlichen zu machen; zwischen Männern, welche durch Studieren ihre Talente, zu geistlichen Verrichtungen bereiten, und jenen, welche sich vom Layenstande nur durch das einzige Kleid und abgesonderte Lebenart aus zeichnen.

Gewiß, sehr unbedeutend ist seine Anmerkung, die er von diesen Personen der pöbelhaften Welt vorkäuet: bey der gelehrten

B   und

und einsichtigen gewinnt ja dieses zusammenge-
stoppelte Gezeuche ohnehin keinen Vortheil:
Die größte Anzahl der Klostergeistlichen sagt
er S. 145. besteht aus Leuten, welche von
Aeltern herstammen, die sich selbst mit Hand-
arbeit nähren, und im Schweiße ihres Angesichtes ihr Brod essen. Mein! Was folgt
hieraus? Auch solche Leute machte ja
der göttliche Lehrmeister zu seinen Jüngern
sowohl, als zu seinen Aposteln. Auch die
edelsten Familien stammen von solchen Urál-
tern ab, welche sogut als alle Mönche den
Fluch Adams schon im Leibe ihrer Mutter
trugen. Und wie viele, welche sowohl in dem
weltlichen als geistlichen Staate auf die höchsten Stufen erhaben sind, haben ihr Daseyn
gemeinen Handswerks- oder niedern Landleu-
ten zu verdanken? — Doch, ich verstehe
den witzigen Herrn Todtengräber: Der Bürger und Bauer soll seine oft best talentirte
Kindern von den höhern Wissenschaften zu
Hause behalten, und an die Werkstätte oder
Pflugscharen hinweisen, damit sodann bey den
rechtsgelehrten Versammlungen die gelehrte und
ungelehrte Bank ein und ebenderselbe Ehren-
sitz würde. So hat denn selbst der Schöp-
fer dieser tauglichen Köpfe unweise gehandelt,
sie entweder von solcher Geburt, oder von
sol-

solcher Fähigkeit geschaffen zu haben? Ein wenig bedachtsamer, Herr Todtengräber! wenn er sich nicht etwa selbst dadurch das Urtheil gesprochen hat.

Liebster Bruder! Wir haben doch wahrhaft ein aufgeklärtes Jahrhundert; indem sogar die Todengräber so gute Kenntnisse besitzen. — Hier, mein Bruder! Hier müßte ich weitläuftiger werden, um diesem schröckbaren Gespenste, welches dein kleinmüthiges Herz erschüttert, die Larve ganz abzunehmen. Wenn nur Zeit, Papier und Dinte mich nicht dauerten, solche wider eine schmähende Schrift zu verschwenden; wider eine Schrift, deren ganzes Eingeweide Unwahrheiten, Widersprüche und unvorsichtige Staatsklugheit mit praleri= scher Halbbelesenheit sind.

Ich bin gesicherter Meinung, ein katholi= scher Regent wird die Gott geweihte Zunft des neuen Levi nicht aus ihren stillen Gezelten in das verderbte und rauschende Babel zurückführen, weder jene Quellen ihnen abgraben, woraus ihre Labung entspringt. Vielmehr wird der weiseste Monarch jener Gesinnungen seyn, welche ehemals ein grundgelehrter Reichsvicekanzler und nachmals gefürsteter Bischof H. K. äußerte, da ihm einige seiner Höflinge den Vorschlag machten, daß er sich zum Besten seines

Lan-

Landes der vielen und einträglichſten Güter ei=
ner gewiſſen reichen Abtey bemächtigen ſollte.
Nein! ſagte der kluge, der tief einſehende Re=
gent: Nein! Eben an dieſem und dergleichen
Orte liegen unſere Nothpfennige am ſicherſten
aufbehalten: Die ſparſame Wirthſchaft der
Klöſter iſt das letzte Rettungsmittel in allgemei=
ner und äußerſter Bedrangniß, das von geiſtli=
chen Perſonen als Mitgliedern des Staats we=
der kann noch wird auf Verlangen verweigert
werden.

Zudem, entweder ſind die Güter den Klö=
ſtern als Geſchenke und Stiftungen zugefallen,
oder ſie haben ſolche durch ihren Fleiß und ihre
Sorgfalt erworben: Sind dieſelben erſter Gat=
tung, daß es Güter des Heiligthumes ſind, von
welchem nicht eine durch ihre Fahrläßigkeit,
durch übertriebene Pracht in Schulden gerat=
hene Familie ihren Unterhalt haben ſoll; nicht
eine ſchmeichelnde Hofkatze, nicht ein üppiger
Junker, noch weniger eine die Kammerren=
ten ausſaugende Tonkünſtlerinn und unnütze
Theater Göttinn, die bey einem einzigen Auf=
tritt oft mehr koſtet, als ein Abt ſammt ſei=
nem zahlreichen Convente in einer Woche ver=
zehret; ſondern es ſind Güter, welche nach der
Lehre des Heil. Paulus nur die Diener des
Al=

Altars zu genießen haben. *) — Haben aber die Klostergüter die häusliche Wirthschaft der Mönche zum Ursprunge, so sind solche ja außer allem Zweifel ein Eigenthum derselben, wie ein jedes Werke der Hände seines Meisters ist.

Nur zu bekannt ist der Schluß der tridentinischen Väter, welcher einen Beneficiaten verbindet, die Renten selbigen Tages, an welchem er die göttlichen Tagzeiten verabsäumet, seiner Kirche, oder in die Hände der Armen zu liefern. Welchergestalt soll denn bey Abschaffung der Klöster das zugleich mit abgethane öffentliche *) Lob Gottes ersetzt werden? Was werden dazu die gottseeligen Urheber solcher geistlichen Gemeinden sagen, wenn sie ihre heiligen Absichten vernichtet, und ihre Verlassenschaft schnurgrade ihrem letzten Willen zuwider, weis nicht was vor unnöthige Vor-

B 3 ha-

---

*) Für die im Weinberge des Herrn arbeitende Diener sind sie auch wicklich bestimmet, nicht aber für die müssigen, welche ihren Müssiggang nicht anders zu entschuldigen wissen, als daß sie sich Diener des Altars, Diener der Religion, Diener des Allerhöchsten nennen Mit diesen ehrvollen Beynamen läßt sich der Vernünftige nicht bethören.

*) Hat das laute Chorschreyen einen Vorzug vor dem stillen Lobe des Herzens?

haben auszuführen,*) gewaltsam eingezogen
erblicken sollten?

Der wahre Religionseifer eines Monarchen wird wahrhaftig den Schranken seiner
obersten Gewalt nicht so leicht übersteigen;
müssen dergleichen Klostertilgungen alle geistliche Rechte verletzen.**) — Es können dem
Monarchen unmöglich verborgen seyn die den
Klöstern in Rücksicht auf ihre Güter, sogar auf
Verlangen der Könige und Kaiser von dem
apostolischen Stule verliehenen Ausnahmen
und Freyheiten, die man in dem 6, 8ten und
9ten Bande der allgemeinen Concilien liest.***)
That nicht König Klodoväus der IIte in Fran-
kreich, im Beyseyn aller seiner Bischöffe der
vom Grafen Gaufred gestifteten Abtey zu Viu-
docin, und der Abtey des heil. Dionysius eine
ausdrückliche Schutzschrift ertheilen, kraft
welcher er allen weltlichen Gerichtsstellen und
Rentmeistern die Hände bindet, um sich an
die von seiner Majestät selbst, als andern gut-
thätigen Leuten an die Klöster abgereichten zeit-

li-

---

*) Das muß die Regierung besser einsehen als
  ein Mönch in seiner Zelle.
**) Wenn man dadurch keinen höhern Endzweck
  erreichet.
***) Espen de Exempl,

lichen Habschaften nicht zu vergreifen, noch einige Auflage fordern zu können.

Machte nicht im Jahre 584. in der valentinischen Kirchenversammlung der König Guntheram ein nemliches. That nicht eben also König Klotar der IIIte dem Kloster zu Korbien. Gab nicht Gregorius der heil. Pabst *) dem Bischoffe zu Scyllita mit dem derbsten Verweise auch die Pflicht jene Dinge sogleich den kastilienser Mönchen zurückzustellen, die er doch gleichwohl nur unter dem Vorwande einer Ehrengabe denselben entzogen hatte?

Zudem sage mir, mein Lieber! wird sich wohl das fromme Herz eines Fürsten verführen lassen, von dem übeln Beyspiele der Jsauren oder Kobronyme, welche die Priesterwohnungen und geistlichen Häuser in Kasernen und Pferdebehältnisse verkehrten? Nein! Jener gräsliche Bann, mit welchem die Kirche in der zweyten Versammlung zu Nicäa **)

B 4 über

---

*) L. 7. Epist. 33. Indict. I.
**) Synod. II. Nicæn. can. 13. Quoniam per eam, quæ fuit propter peccata nostra in Ecclesiis, calamitatem Sacrosanctæ quædam ædes a quibusdam Viris arreptæ sunt, ot Episcopatus & Monasteria, & facta sunt in communia diversoria; si qui

ea

über jene gedonnert, welche die verwüsteten
Wohnstätte der entsetzten Geistlichkeit **)
nicht wieder einräumen wollten.

Nicht wahr? Es entstunden in dem
15ten Jahrhunderte Gährungen über Gäh-
hrungen, im ganzen Reiche Wehklagen und
Murren wider die den geistlichen Pfründen
vom Oberhaupte der Kirche selbst geschehenen
Auflagen und sogenannten Annaten; Gährungen, welche keinen aus allen Regenten
verborgen sind. Diese Annaten waren ein
Abzug von geistlichen Gefällen, welche doch
wieder in geistliche Hände und zwar des allgemeinen obersten Hirten und Statthalters Christi übergeben, und auch Anfangs nur zur Be=
streitung des heiligen Krieges verlangt, bis sie
nach-

---

ea tenent, & volunt reddere, ut in pristianum
statum restituuntur, bene, & pulchre habet;
sin minus . . . . Si sint Laici, Jubemus se-
gregari; ut qui sunt condemnati a Patre, &
Filio, & Spiritu sancto: & ponantur ubi ver-
mis non moritur, nec ignis extinguitur; quia
voce Domini adversantur, quæ dicit: ne facite
Domum Patris mei Domum negotiationis-
**) Ueberflüßige Wohnhäuser der Geistlichen mö-
gen immer zu etwas andern bestimmet werden ohne zu befürchten deßhalb den Bann-
strahl der Versammlung zu Nicäa verdienet
zu haben.

nachher auch zu dem Unterhalte dieses obersten Prälaten in den sogenannten Concordaten Deutschlands zum Theile sind begnehmiget worden.

Zudem, glaubst du denn, mein Bruder! die warme Menschenliebe eines Monarchen betrachte die geistlichen Personen nicht wenigstens als wahre Glieder des Staats, welche er als gerechter Regent nicht unglücklich machen wird, wenn er sich auch nicht, wie der große Konstantin seiner Zeit, als eine auf sonderbare Art befreyte Gattung der Menschen ansehen würde? Denn wem soll es glaublich werden, daß der Monarch, Er dieser beste Vater aller bedrangten Leute, welche aus natürlichem Freyheitsrechte ihre Erbtheile entweder gar dem Staate und ihren Freunden auf eine apostolische Weise überlassen, oder in ihre Klöster zur Lebenslänglichen Verpflegung eingebracht haben, wer soll es begreifen, daß nun diese Leute mit einer oft ganz magern Pension *) ihrem widerwilligen Schicksale mit Zwang sollen übergeben werden?

Gezwungene Erbeverlöbnisse, ausgepreßte Ordensgelübde werden von der Kirche für ungültig und unverbindlich erklärt; sollen denn

---

*) Leute, die die Armut geschworen haben, werden sich mit Wenigem begnügen lassen.

denn weltlicher Herrschaft Befehle mächtiger
seyn so viel Menschen zu einer nie erwarteten
Standesveränderung anhalten zu können, *)
oder solches nur zu wollen? Wäre denn dieses nicht zumal auch jener so geliebten Tole-
ranz entgegen, kraft deren man bedacht ist,
kein einziges Glied der menschlichen Gesellschaft
zu kränken?

Ach! seufzest du mir zu, Ach! wie
lange wird unser Daseyn noch dauern? Man
liest ja schon den Plan unserer Reformation
in Deutschland im Drucke. Und ich schreibe dir
zu, herziger Bruder! ach wie lange wirst du
denn noch fortfahren, einfältig zu seyn? Laß
über diese Plane einsweilen die Kapuziner
Väter fröhlich seyn; denn bey diesen sind ohnehin die jährlichen Gehalte ihrer ordentlichen
Prediger, Lehrer und aufgestellten Obrigkei-
ten noch nicht entschieden. 3. bis 500. fl. wäre doch ein so ziemliches Tractament für diese
liebe Leute. Allein Plane sind ja, und können
ja immer Plane bleiben. Man sieht auch auf
Kupfer gestochene Gebäude im Abrisse; zu deren Errichtung noch keine Steine gewachsen
sind

---

*) Wenn man in einem andern Stande der Re-
ligion oder dem Staate nützlicher werden kann,
so soll man es mit Freude thun.

ſind. Der ſehr freygebige Herr Reſormator
Deutſchlands, der tauſend und hunderweiſe
die Prieſtergehalte uns anweiſt, muß doch ein
ſtarker Kapitaliſt und von ſehr guten Geſin‍‍‍
nungen ſeyn, ſolche für die armen Geiſtlichen
zu verwenden. Allein er wird wohl an eini‍
gen Stellen ſich in ſeiner Rechnung verſtoßen
haben und auf Gelder zählen, die auch noch
nicht gemünzet ſind. Ob wir aber damit uns
zufrieden ſtellen, oder nicht, unerachtet ſeines
beygeſetzten: qui tacet conſentire videtur, be‍
antworten wir ihm keineswegs, weil er das
Recht, uns zu erforſchen, noch nicht erwieſen
hat.

Du bekümmerſt dich ebenfalls vergebens
darum, daß dieſer weit ausſehende Herr Re‍
formator Deutſchlands erſtens die Opfer und
Wundertafeln von den Gnaden-Tempeln aus‍
muſtern, und anderns die Kloſtergeiſtlichen
von dortiger Kirchenverwaltung abrufen ſolle.
Für das erſte ſollte nur dieſer gute Herr die rei‍
chen Opfer in dem Buche der Zahlen leſen,
welche ehemals alle Fürſten Iſraels in den
Tabernackel brachten: *) So wie man ver‍
ſchiedene Kennzeichen aus den Wappen der
großen Häuſer nicht auslöſchen will, weil
ſie

---

*) Num. c, 7.

fie das Andenken mehrstentheis rühmlicher
Thaten und großer Ahnen sind; eben so wird
man auch diese andachtsvollen Gemälde und
Opferbildniſſe nicht unterdrücken wollen, weil
ſie Merkmale einer Wunder würkenden Für=
bitte der Heiligen Gottes verbleiben, *

Für das andere: Meineſt du denn,
der chriſtliche Regent wirdt Benjamin aufhän=
gen laſſen, weil bey ihm das Silber des Königs gefunden worden, welches er ihm doch
ſelbſt in den Sack geſchoben hat? Ich will
ſagen: Wird er wegen den freywillig von
vielen gekrönten Häuptern ſelbſt in derley Tem=
peln geopferten Schätzen die dort ſich befinden-
den Geiſtlichen unglücklich machen wollen,
welche für die Herrlichkeit eines ſolchen Heiligthumes, ſo gut als Salomon für deſſen reiches Geräthe, klüger als Ezechias, und für
die ihm gebührende Ehrerbietung und An=
dacht, nach dem Vorbilde des Sohns Gottes beträchtliche Jahre hindurch unermüdet
gewacht und geeifert haben?*) Ich meines
Theils

---

*) Großentheils ſind es doch nur erdichtete, aus
eigennützigen Abſichten den Augen des dum=
men Volkes vorgemalten Wunder.

*) Dieſe Schätze kann und wird der uneigen=
nützigſte Regent noch beſſer verwahren, und
nützlicher anwenden, als ne die Geiſtliche thun.

Theils spreche den mehr auf eigenes, als auf das Interesse des Staats besorgten Herren Projectanten in dieser Sache den Sieg ab.

Gewiß erinnert sich der Regent noch jener Zeiten, da die Feinde seinen Staaten den Untergang droheten. Wie zahlreich waren nicht die Priester, welche sich beeiferten, bey den Altären des Herrn mehr mit Waffen ihres Gebetes, als die tapfersten Kriegsleuten aus ihren Festungswerken die Gewalt des Feindes zu schlagen. — Soll Er schon vergessen haben, wie manche Stunde der ganze Hof bald hier in unseren Hauptkirchen, bald in andern Bet- und Gnaden Häusern mit einer ganz rührenden Andacht vor Gottes Throne lag, sich den Sieg über des Feindes Heer zu erbitten. Er wird vielleicht sowohl als wir vermuthen, daß etwa ein einziger in seiner Zelle betender Mönch, oder eine schwache unschuldige Klosterjungfrau ein mehreres zu dem erhaltenen Triumphe,* als der mit blanken Säbel ringende Held beygetragen habe.

keit

---

*) Seht doch, wie kräftig das Gebet der Mönche ist! Wozu nun so viele geübte Kriegsmänner! Lasset künftig Mönche mit ihren Kappen, Skapulieren, und Rosenkränzen gegen den Feind ziehen, so seyd ihr des Sieges gewiß.

Denn solchergestalt schlug auch die Frömmigkeit des Ezechias die unzählichen Feinde, welche Senacherib wider ihn anführte. Sol-
chergestalten schlug die Andacht einer auf Gott
vertrauenden Judith bey Beten und Fa-
sten den ungemein mächtigen Holofernes.
Heinrich der heilige Kaiser scheint das Wohl
seines ganzen Reiches dem Gebete der Mönche zu Klumak übergeben zu haben, da er
dem von Pabst Benedikt VIII ihm verehrten
köstlichen Reichsapfel denselben zugeschickt hat.
*)

Liebster! Sage doch, glaubest du denn,
die Aufhebung der geistlichen Häußer werde
nur so eigenmächtig, oder aus Antriebe eines
sich auf das protestantische Recht in Sacra *)
gründenden blößlichen Gedankens unternommen
werden? Hier irrest du himmelweit. Einem
katholischen Regenten, muß man nicht erst
sagen, was ehemals Ambrosius dem Kaiser
sagte,

---

*) Kräftiger muß freylich das Gebet seyn, das
man mit kostbaren Geschenken erkaufet.
*) Hier ist der Mönch vorsetzlich unwissend. Er
will von dem Rechte des Landesherren circa
sacra, welches nun die gelehrtesten Katholiken
einmüthig behaupten, nichts wissen.

sagte, *) als sich fast gleiche Unterneh-
mungen äußerten, und man ihn in selbe zu
verwilligen nöthigen wollte, aus dem vorgeb-
lichen Grunde; es stünde alles in des Kaisers Gewalt; Und da er die Kirchengüter
forderte, gieng er nicht weiter, als wozu ihn
das eigene Recht anwiese. „Irre nicht, sagte
„der heilige Bischof dem Monarchen: . . .
„Maße dich einer übertriebenen Gewalt nicht
„an; vielmehr, wenn du in längere Zeiten
„ein Beherrscher deiner Länder verbleiben
„willst, sey zuerst Gott und seinem Statt-
„halter auf Erden gehorsam; denn es steht
„geschrieben: Gebet Gott was Gottes ist, und
„dem Kaiser was des Kaisers ist. Dem
„Kaiser sind nur die Palläste zuständig, den
„Priestern aber die Kirchen. Dir ist das ein-
„zige Recht innerhalb der öffentlichen Gren-
„ze deines Reiches, nicht aber die Häuser des
„Herrn übergeben worden. Du verlangst
„mir eine Kirche zu rauben; aber wisse, daß
„dieses ein geistlicher Ehebruch sey, wenn
„man

---

*) Can. Convenior. Causa 23. q. 8. — — Nolite
gravare Imperetor, ut putes te in ea, quæ di-
versa sunt, imperiale aliquod Ius habere nolite ex tollere; sed, si vis diutius imperare esto
Deo subditus: Scriptum est: quæ Dei Deo P.
g. p. Ius Cæsaris esse non potest Templum Dei.

„ man einen mit dem Priesterthume einmal
„ vermählten Tempel in fremde Hände mit
„ Gewalt überträgt. — Achab wollte dem
„ Naboth seinen eigenthümlichen Weinberg ab-
„ drängen, um sich daraus einen Garten nach
„ Belieben zu gestalten; Die Widersetzung
„ des guten Bürgers war kurz und fühlbar
„ (denn mit Wehr und Waffen konnte er ja
„ dem Könige nicht entgegen sehen): Ferne
„ sey von mir, daß ich das Erbetheil meiner
„ Väter in fremde Hände liefere. Und schon
„ diese wenige Erklärung des redlich denken-
„ den Naboths machte das Herze des Achabs
„ schüchtern, weil er die Billigkeit dieser ab-
„ schlägigen Antwort wohl einsah. Gleichwohl
„ hat die Bosheit eines Weibes Nabothen
„ erschlagen und den Weinberg geraubt. Na-
„ both, fährt Ambrosius der heilige Bischof
„ fort: Naboth bestunde auf seinem Wein-
„ berge als einem Erbetheile seiner Väter bis
„ in den Tod; und ich solle das Erbetheil Je-
„ su Christi der kaiserlichen Habsucht zugeste-
„ hen? — Wenn ich gezwungen werde, so
„ weis ich freylich keinen andern Widerstand
„ zu thun, als zu weinen, als zu seufzen. Ge-
„ gen streitende Krieger, gegen Gothen sind
„ die alleinigen Thränen meine Waffen. —
„ Ich habe geantwortet, was einem Priester
„ zu-

„ zusteht; die Pflichten eines Kaisers erfülle
„ der Kaiser: Die Kirche kann nicht unter
„ seine Rechte gezählt werden: Hierin wird
„ mich Niemand der beleidigten Majestät
„ schuldig erklären; denn die größte Ehre ei=
„ nes Kaisers ist, daß er ein Sohn der Kir=
„ che genannt wird. Ein guter Kaiser ist in
„ der Kirche, aber nicht über die Kirche. Er
„ soll meine Güter fodern, ich will mich da=
„ zu verstehen; *) er fodere nur die Güter der
„ Kirche nicht, **) welche zu verwalten,
„ nicht zu vergeben, meiner Obsorge anver=
„ traut sind. Ich muß hierin seiner Seele
„ Rath schaffen, daß ich mein eigenes und das
„ seinige Gewissen nicht verletze, durch Zulas=
„ sung einer Sache, die er nicht haben, und
„ ich nicht abgeben darf. Er soll hier auf die
„ Stimme eines treumeinenden Priesters auf=
„ merksam werden, und um sich selbsten zu

C   „ ver-

---

*) Führten die heutigen Mönche diese Sprache,
so würden sie nicht diejenigen lästern, die ihre
Güter zu besserm Endzwecke angewendet wissen
wollen.

**) Diese wird auch der Monarch nie fordern,
das heist, sich selbe nie zueignen; aber in
Verwahrung kann er sie nehmen, wenn er Ur=
sache hat gegen diejenigen mißtrauisch zu seyn,
die selbe nicht uneigennützig genug verwalteten.

„verschonen, Jesu Christo keine Unbild an=
„thun. Dieß sind gewißlich Worte, wel=
„che von Ehrerbietigkeit, die ich ihm schuldig
„bin, dünsten. — —

Ich mußte diese Stelle um deinetwillen
weitläuftiger anführen, weil ich weis, daß du
kein allzustarker Liebhaber vom Studieren im
geistlichen Rechte bist; welches ohnehin die
Mönche nach Vorschrift heutiger Kritiker
beyseits lassen sollen, *) um ihre altherköm=
mlich und christliche Denkensart zu verlieren.

Sage mir ferner, mein Lieber! Soll
man sich nicht erinnern jenes zu Würzburg
von oben berührten Kaiser Rudolph I. ergan-
genen und zu Speyer im J. 1291. bekräftig=
ten Reichsabschiedes folgende Innhalts in alt
deutscher Schrift: Wir gebiten och vlisic=
lich, daß man in allem römischen Rich an
geistlichen Dingen nach Gebot und nach
Rath

---

*) Nicht das Studium des ächten auf Schrift
und Vater gegründeten geistlichen, Rechtes,
wohl aber des hildebrandischen welches die
heiligsten Rechte der Majestät mit Füssen tre=
ten lehret, nur auf Mönchsgrillen des mittlern
Zeitalters, auf ungerechte Anmassungen eini-
ger herrschsüchtigen Päbste, auf falsche und
unterschobene Dekretales gegründet ist, sollen
sie beyseitelassen.

Rath der Erzbischof habe.: Und wer dar-
wider ist, den soll man han vor ein un-
geloben Man. — Wir gebieten vesticlich, und als das Recht ist, daß der
Gottshaus Vogt den Gottshaus vorsi,
und sie schirme auf ihre Vogti, als es
gen Gott wohlstande, und och unser
Hulden, und sich an die Gottshus Gute
also halten, da ihr Vogti ist, daß uns
dhein grof Plage von ihm komme. Swer
das nicht thut, kumt es zur Plag, so
wollen wirs richten, als vesticlich, als
es recht ist, daß wir daran Niemands
schonen wollen.

Wie schleunig eilte nicht Heinrich III.
den außer seinen Staaten sogar in Italien gelegenen Klöster zu Hülfe, um ihre angefein-
dete Güter zu schützen? Wie ernsthaft wider-
setzte sich nicht im 12ten Jahrhunderte Kon-
rad der römische König dem Grafen Landolph,
welcher die Einkünfte der Mönchen zu Kassin
und ihre liegende Habschaft sich zueignen wollte.

Gesetzt auch, der dich so kontrastirende
Reformationsplan sollte ausgeführt werden,
so wird es gewißlich nicht anderst, als es
schon allzeit in Deutschland die Gewohnheit
war, nämlich mit Zuziehung und verlangtem

Gu

Gutheißen der Kirchenprälaten geschehen. *)
So machten es in den 741 und 743ten Jah=
ren Herzog Karlman ; geschah es unter dem
König Arnulph wegen der damals laß werden
wollenden Kirchenzucht; so auf der Versam=
mlung zu Maynz im J. 813 , wo es um Ver=
besserung der Klösterlichen Regeln zu thun war.
Bischöffe, Aebte und weltliche Herrschaften
pflogen wechselsweise Unterredungen, und je=
ner Schritt verblieb der Grenze seiner Gewalt
und Ansehens. Sie gaben auch die gedeih=
lichsten Gesetze und Ordnungen mit Ruhe und
Friede an das Taglicht.

Die Anmerkung, mit welcher du mei=
ner Vermuthung in deinem kläglichen Schrei=
ben zuvorkömmst , macht mich nicht wankel=
müthig. Du sagst : Der Haß gegen die
Klostergeistliche sey fast ein Eigenthum der
mehrsten Weltpriester, und gute Freunde für
uns seyen heut zu Tage so selten, als die leuch=
tenden Sterne bey trübem Wetter: Es schei=
nen vielmehr die Zeiten erfüllt zu seyn, vor
deren Gefahren der Heil. Paulus seinen Jün=
ger

---

*) Wozu man ein erwiesens Recht hat, dazu
braucht man eben die Erlaubniß der Kirchen=
prälaten nicht.

ger nachdrücklich gewarnet *) ; Es finden sich
izt Leute unter den Geistlichen vor, welche,
um der Welt zu gefallen, Lehrsätze vertheidi-
gen, die sie aus Febrons Schule **) erlernet
und auf den Lehrstul der Pestilenz mit sich
gebracht haben, solche öffentlich feil zu biethen
und gemein zu machen: Leute, welche, um
bescheiden und gelehrt gehalten zu werden, nöt-
hig erachten, über alles unbedachtsam zu kriti-
siren: Leute, welche nicht glauben gut gesprochen zu haben, wenn sie nicht ihren jungen
Lehrlingen das Pabstthum ***) trotz der Art
eines Protestanten herabsetzen; über die Or-
densleute aber als gleichsam Huid Genossen
niederträchtig oder gar verläumdend, von den
Kirchengebräuchen endlich ganz unnütze gequa-
ckert haben. Es treten Leute auf, welche,
obschon durch ein Eide verbunden, Nichts
wider die Lehre, Gesetze und Rechte der Kirche zu behaupten, dennoch kühne Unterdrü-

C 3   ckun-

---

*) 2. Tim. c. 4. v. 3.

*) Febrons Schule und Lehrstuble der Pestilenz
sind mir in den Augen, die das Licht der Wahrheit nicht vertragen können, einerley.

***) Nicht die Würde des ersten Kirchenvorste-
hers, sondern die hildebrandische Tyranney setzen
sie herab,

ckungen dogmatiſcher Bullen * , Eingriffe
der Layen in geiſtliche Gewalt durch einen auf
die äußerſte Spitze getriebenen falſchen Witz
rechtfertigen** , und ein ungemildertes, un-
beſchränktes Placetum Regium manchmal ganz
gleichgültig aufnehmen, wo nicht gar gut-
ſprechen. *** Es gibt Leute, welche von
ſich zwar verſchiedener auch ſehr hart auffallen-
der Ausſchweifungen wohl fähig, dreiſter
aber als Phariſäer alle Schritt der Reli-
gioſen durch die Hechel ziehen ; worunter
ſondern Zweifel auch der Herr Todtengräber
gehört, der bey ſo verſchiedenen luſtigen Ge-
ſel-

---

*) Nur ſolcher, die die Rechte des Landesherrn
verletzen , dem Wohl des Staates nachtheilig
ſind.

**) Der ſein Recht nach ſeinem ganzen Umfange
ausübet, thut keine Eingriffe in das R..cht eines
andern. Die geiſtliche Gewalt hat ihre Gränzen, und zwar ſchon enge Gränzen   Der
ſich dieſe von einem beynahe unendlichen Umfange vorſtellt, muß nothwendig über Eingriffe klagen; die es aber nur in ſeiner Einbil-
dung ſind.

***) Mit wärmſten Dank, als eine Wohlthat,
müſſen wir dieſes Placetum nehmen, weil
es die Rechte der Menſchheit, das Wohl des
Staates gegen ungerechte Verfügungen einer
verdammlichen Politik der römiſchen Curia
ſchützet.

sellschaften die Nachfolger des heil. Franciscus
mit und ohne Bart angetroffen, und denn ihre Gegenwart allenfalls an seinem Vorhaben
gestört; Es giebt Leute, welche bis auf die
ersten Plätze im geistlichen Staate durch derley schlimme Wege sich zu erschwingen su-
chen, und gelingt es ihnen, so werden sie
allgemein als Meister in Israel begrüßet.

Solche Leute (ist doch zu bewundern)
lassen auch die verdächtigsten Gesellschaften, deren erste Pflicht ist, nicht zu entdecken nach
wessen Gesetze und Ordnung sie leben, unbe-
forscht unterhalten werden; da sie indessen
die heftigsten Feinde und Verfolger der Ordensstände sind, deren Regeln die Kirche un-
tersucht, gutgesprochen und einzuführen bewil-
ligen, * auch die ganze Welt im Augenschei-
ne hat.

Du hast recht, mein Lieber! mit dergleichen feinen Gesellen ist freylich das Priesterthum angesteckt. Mit derley Lehrsätzen
hat schon im Jahre 1139. Arnold aus Bri-
xen gebürtig, ein Auswürfling der Klerisey
das Priesterthum und die weltliche Herrschaft
ver-

---

*) Was ein oder der andere Pabst erlaubet, oder
allenfalls gutheißt, das billiget deßhalb nicht
gleich die Kirche.

verwickelt. Allein es gibt auch in dieser Gott-
geheiligten Zunft Männer eines bessern Geistes, welche Finsterniß und Licht, Christum
und Belial noch zu unterscheiden wissen. Diese sehen nur gar zu wohl ein, daß bey dem
Sturze des Mönchenstandes auch die Weltpriester und reiche Stiftungshäuser erschüttert werden Die gesunde Vernunft muß ihnen weissagen, daß man sich von weltlicher
Obergewalt, wenn sie einmahl aus ihrem
Lager gebrochen, nicht anderst als vor einem
stürmenden Strome, der keine Gränze mehr
findet, billig zu fürchten habe. *) Es drin-
gen zu stark auf ihre Ohren die schriftlichen
Weheklagen eines grundgelehrten Mosheims
und anderer protestantischen Geistlichen, welche, da sie ein befreytes und königliches Priesterthum haben sollten, nun fast nur elende
Religionsknechte ihrer Landesherren abgeben
müßen. Nicht zu melden, daß sie diese geistlichen Würden oft einem einfältigen Weibe
theuerer, als der Ertrag ist, abkaufen müssen. Sie sehen wohl ein, daß, wenn man
alle

---

*) Wo weise, für das Wohl ihrer Untergebe-
nen sorgende Landesväter regieren, ist diese
Weissagung nicht zu befürchten. Diese Furcht
ist ganz ungegründet.

alle Verordnungen ungeahndet und ohne
Widerspruch dahingehen läßt, *) das ganze
Priesterthum unter ein unanständiges und un*
erträgliches Joch verfallen werde.

Glaubst du denn, daß nicht mehr apo*
ftolische Männer gefunden werden, welche
Muth und Weisheit **) genug besitzen, um
mit wirksamen Vorstellungen die etwa von
unchristlichenRäthen ausgesonnenen Vorschlä*
ge zu vereiteln? Glaubst du denn, diese er*
wägen nicht, welche Bedingungen erforder*
lich sind, um ganze Gemeinden ohne Belei*
digung Gottes austilgen ***) zu können? Sol*
che Männer wissen ja, daß einen so wichti*
gen Schrit zu thun die gehörige Gewalt, und
dringende Noth vorhanden seyn müsse. Dem
Schwerte eines Monarchen werden sie ja nicht
eben jene Macht zugestehen, welche dem Hir*
ten*

---

*) Wer soll die weisesten Verordnungen ahnden?
   So kühn kann nur der vertraute Mönch
   seyn.
**) Soll heißen: Dumkühnheit.
***) Er gereicht zur Ehre Gottes und zum Besten
   der Religion, wenn man den wenig beschäftigten
   Gliedern einer zahlreichen Gemeinde nützliche
   Arbeiten im Weinberge des Herrn anweiset.

tenſtabe der Biſchöffe, und dem oberſten Bi-
ſchoffe nur zuſtändig iſt. *)

Wir beyde, mein Lieber! können ja aus
unſerer Geiſtlichkeit Männer, welche nicht
von der Zahl derer ſind, die nur blindlings
nach ihrem wohnflüchtigen Sinne und jungen
Einfällen die Geſchäfte des Kirchenſtaats
ſchlichten, ſondern wie Moſes ſich mehrma-
len vor dem Tabernakel zuvor mit Gott be-
ſprachen, und ſeinen Willen erforſchen, ehe
ſie die Anordnungen weltlicher Fürſten gut-
ſprechen und befolgen. Dieſe geiſtlichen Vor-
ſteher haben immer die ihnen von dem Kirchenrathe zu Trient aufgelegten ſchwerſten
Pflichten vor Augen, welche ſie zur Auf-
rechthaltung der chriſtlichen Tugenden, zur
Ver-

---

*) Alle Ordenleute ſind mit Bewilligung des Lan-
desherrn aufgenommen worden. Wenn ſie nun
mit dem Intereſſe des Staates nicht beſtehen
können, welches der einigen Erkenntniß des
Regenten überlaſſen werden muß, ſo kann er
erklären, daß er ſie ferner in ſeinen Staaten
nicht dulden wolle. Dieß kann auf zweyerley
Art geſchehen; Entweder, weil ihre Gelübde
ohnedieß aufhören, werden ſie Weltprieſter,
oder, weil mancher hierinn zu gewiſſenhaft ſeyn
dürfte, geſtattet man ihnen freyen Abzug. Man
läßt ihnen noch dazu die Wahl.

Verbreitung der Ehre Gottes, auf der Erde
alles Mögliche beyzutragen verbinden. Nun,
werden denn diese nicht voraus sehen, daß mit
Abschaffung oder merklicher Verminderung der
Klostergeistlichen so viele tausende Gott wohl-
gefälligste, der leidend und streitenden Kirche ersprießlichst und heiligste Meßopfer un-
terbleiben, daß der öftere Gebrauch der heiligsten Sakramente, der das gemeine Volk in
guter Zucht, in Unterthänigkeit gegen seine
Gebieter und im Christenthum erhält; daß
dieser löbliche Gebrauch müsse vermindert und
seltsam werden, weil der mit Seelsorge und
andern Verrichtungen belegte Weltpriester nicht im Stande ist, der Vielheit des Volkes wegen eines Jeden Andachtseifer sein Ge-
nügen zu leisten. *) Werden daher nicht in
kurzer Zeit die Laster, welchen vernünftige,
und liebreiche Ordensgeistliche durch ihre Er-
mahnungen, Bitten und Bestrafen noch einigen Einhalt-thaten, werden dieselben nicht
bald

---

*) Alles dieses kann durch die vermehrte Anzahl
geschickter und eifriger Weltpriester noch mehr
befördert werden, besonders wenn ihnen die Or-
densleute, als zugetheilte Mitarbeiter im Weinberge des Herrn hülfreiche Hand leisten. Man
wird wohl die tauglichern, im Falle, daß sie
aufgehoben würden, nicht müßig gehen lassen.

bald öffentlicher und fast gar allgemein wer=
den? Hat wohl die schlimme Jugend eben
jenes Vertrauen zu ihrem geistlichen Vorste=
her, welches sie zu einem Ordensmanne hat,
weil sie diesen nur anhören, jenen aber auch
fürchten muß?

Bischöffe und geistliche Rechtsgelehrte
wissen nur gar zu wohl; um einen von der
Verbindlichkeit eines freywillig Gott abgeleg=
ten und von der Kirche sollemnisirten Gelüb=
des loszusprechen, müssen sich die wichtigsten
Beweggründe vorfinden; Beweggründe, die
mit reinsten Wahrheit und unvermeidlichen
Nothwendigkeit vollkommen verpaaret sind.
Wie? Wird man denn diese erforderlichen
Eigenschaften aufbringen können, um so viele
Personen von ihren dreyfachen Ordensgelüb=
den ohne Verletzung des Gewissens zu be=
freyen, und sogar die gehörigen Mittel zu
benehmen, selbige in Zukunft mehr beobach=
ten zu können? *)

Glau=

*) Daß die Verbindlichkeit der Ordensgelübde
gleich bey der Aufhebung eines Klosters, auch
ohne vorläufiger Dispensation aufhöre, hat Hr.
Gmeiner in einer besondern Schrift gründlich
erwiesen.

Glaube mir, mein Bruder! Infulirte Häupter unsers Reichs sehen dieß und die daraus entstehenden leidigen Folgen weit besser ein, als wir Beyde. Sie werden keine Miethlinge seyn, welche ihre anvertrauten Schaafe den Wölfen *) überlassen.

Indessen, wenn unser Kloster bey dermalig trüben Gewölke von einem plötzlichen Donnerstreiche sollte getroffen und zertrümmert werden; wenn mein bisheriges Vertrauen, so gegründet es auch immer war, dem Unglücke sollte unterliegen müßen, bliebe uns dennoch was tröstliches zum Vortheile.

Wir wollen die verehrungswürdigsten Anordnungen göttlicher Vorsicht in Demuth anbeten, und dabey erwägen, daß es Schläge eines Vaters sind, welcher schlägt um zu heilen. Wir wollen mit den verfolgten Machabäern die Eigenliebe ganz beyseitigen, und bekennen daß wir dieß Unheil uns selbsten über den Hals gezogen. Hievon, Liebster! wünschte ich mehr mit dir mündlich in Geheim, als schriftlich zu handeln.

Sa-

*) Wir sollen wohl die Wölfe seyn?

Sage mir : Haben nicht die Sünden aller Stände nur Dämme und Grenzen zerrissen? Ist die Verachtung des Evangeliums, der heiligsten Geheimnisse und aller Dinge, welche nur den Namen von Religion undChristenthume führen, auf das Höchste gestiegen? Sind nicht die geheiligten zur geistlichen Zucht so vorträglichen Anordnungen der Kirche, im Betreff verbotner *) Bücher nun gänzlich unter die Füße getretten; so, daß nun nicht einmal halbzeitige Knaben und Mädchen Schriften ohne Einhalt durchblättern, die sonst Männer, welche in dem Religionsdienste grau geworden, nur zu haben sich nicht erkühnt hätten, ja, derer Namen sie oft nicht einmal kannten? Ist nicht die Freyheit nun alles ohne Ausnahm in die Welt hinauszuschreiben, und in öffentlichen Blättern ganze Gemeinden zu verläumden, ganz unbeschränkt; **) da man sich doch vermöge gegründeter Sittenlehre nicht einmal getrauen darf,

---

*) Es bleiben ja noch immer welche Bücher verboten. Wir haben unsre Censores, die freylich keine Mönche sind, aber doch Einsicht und Bescheidenheit besitzen.

**) Nein! wirkliche Verläumdungen werden durch Gesetze geahndet.

darf, in einzelnen Unterredungen der Ehre
seines Nächsten zu nahe zu tretten? Sind
nicht jene, welche sich hierüber im gerechte-
sten Eifer ausdrücken, durchgängig nur als
Einfältige zum Hohne und Gelächter? Was
hat man sich hievon für andere Folgen zu ver-
sprechen, als welche wir in den gegen Nor-
den gelegenen Ländern mit Betrübniß erblicken? *) — Der Glaube und die Kirche
werden zwar nach der theuersten Versiche-
rung unsers Seligmachers bis ans Ende der
Welt in ihrer Grundfeste unerschüttert verharren; ist aber die Furcht nicht billig, das
Reich möge von den Kindern hingenommen
und einem Volke gegeben werden, welches
seine Früchte bringen wird?

Man muß freylich die Haushunde aus
dem Wege räumen, wenn man da einbrechen
will, um nicht durch ihr Bellen in seinen
Absichten gehindert zu werden. Die Wein-
bergsleute des evangelischen Hausvaters werden die von ihm abgeordneten Diener so lange mißhandeln, **) bis sie sich auch end-

ich

---

*) Daß die Aufklärung in nördlichen Ländern
   größer sey, ist mehr zu beneiden.
**) Nicht mißhandeln, sondern sie zu ihrem Be-
   rufpflichten nachdrücklicher anhalten.

lich an dem eigenen Sohne vergreifen. —
Israel war mit Propheten umzingelt: Es
mißhandelte sie, es blieb hartnäckig und gegen
alle Anziehungen der Gnade widerspänstig.
Die Propheten müssen also vor seinen Augen
verschwinden, damit es die Stimme des Herrn
nicht mehr höre und also seinem Untergange
zueile. Wir können freylich diesem Unheile
auf keine andere Art vorbeugen, als daß wir
nach dem Rathe des Propheten Joel vor den
Altären niederfallen und mit Inbrunst unsers Geistes seufzen; Verschone Herr!
Verschone doch deinem Volke, und gib deine
Erbschaft nicht in die Hände deiner Feinde!

Laß mich aber noch weiter auf die Ur-
quelle dieses Uebels gehen: Sind nicht auch
großen theils die Geistlichen selbst hieran
Schuld? Denn wenn wir alle Ordensstände
als einen sittlichen Körper durchforschen wenn
wir ihn vom Haupte an bis zu den Füßen
untersuchen; Ach! Leider, so finden wir
strafbare Glieder und Fehler mehr als zuviel.
Wir sind nicht mehr so, wie wir seyn sollten;
und jeder Stand in der Welt, der sich noch in
jener Verfassung befindet, die seinem Ursprunge vollkommen ähnlich ist, hebe den ersten
Stein

Stein über uns auf. Sehen wir nicht an manchen durch heimliche Praktiquen sich zu obrigkeitlichen Aemtern erschwingenden Vorgesetzten einen dummen, lächerlichen und mehr als w.ltlichen Stolz, Pracht und Ueppigkeit; *) welche doch aus unsern geistlichen Wohnungen, wo nichts als Liebe, Demuth und Bescheidenheit herrschen müssen, gänzlich sollten ausgewiesen seyn? Ach, mein Bruder! warum fragen wir nicht jene zuvor, die wir als Vorsteher zu wählen gedenken, wie der Heiland, als er den heil. Petrus zur obersten Kirchenwürde bestimmen wollte: Liebest du mich? Ich will sagen: ob diese zu wählende Gott und seine Schaafe ohne Ausnahm lieben, und nicht etwa aus zeitlichen Absichten einzelne ihrer Gönner. Uebertriebene Dinge könnten wir ja selbst mäßigen, **) ehe wir andere Verordnungen gegen uns erwarteten: Wir können es nicht läugnen, daß verschiedene wohldienen wollende Seckelmeister in unsern sowohl als andern Ordensständen bey Aufnahme der Neulinge einen ärgerlichen Wucher mit Erbgütern und einzubringendem Ge-

D   räthe

---

*) Das können wir weder läugnen, noch widerlegen.
**) Warum thuet ihr es nicht?

räthe treiben: Wir kennen Leute, die in der
Gesellschaft der Weltlichen oft ausgelassener,
im Aufzuge geckigter als ein junger Stutzer
sind. Ich seufzte selbst oftmals mit Paulus,
daß doch derley übelgesittete die uns beunru-
higen, möchten abgeschnitten werden, damit
nicht der gute Ruf der ganzen Geistlichkeit
dadurch in übeln Verdacht gerathe bey solchen, welche wohl die Ausschweifungen dieser weltlich gesinnten, nicht aber die Ordnung
der ganzen Gemeinde beobachten. Ich seufzte: O daß doch die Obern hierin wachsa-
mer wären! —

Wenn Heli leichtsinnig und kaltblütig
die groben Fehler und Mißbräuche seiner Kinder dahin gehen läßt, so ist freylich nichts
übrig, als daß Gott von seinem Hause zur
Strafe das Priesterthum abnimmt. Wird
denn aber der liebvolle Gott, der als ein ein-
sichtiger Vater das Unkraut aus seinem wohl-
besamten Waizenacker nicht wollte ausgerottet
haben, um nicht zumal die guten Pflanzen mit
auszureissen, nun so hart die Unschuldigen mit den
Schuldigen züchtigen? Denn, da man die geistlichen Pfründen verschwenden sieht; da man unter
den größten Kirchenhäuptern, vom Höchsten bis auf den neugeschwornen Altardiener
schlimme in jedem Weltalter hatte; muß denn
darum

darum kein Pabſt, kein Biſchof, kein De-
chant, kein Pfarrer mehr ſeyn? muß die
ganze geiſtliche Hierarchie über einen Hau-
fen zuſammen ſtürzen und unterdrückt werden?

Laß uns vielmehr, mein Bruder! dem
klugen Rathe folgen, welchen die fromme
Eſther dem Mardochäus ihrem Vetter gab,
als Aman der übermüthige Höfling ſchon das
Todesurtheil über die geſammte Judenſchaft
von Aſſueren erwürkt hatte. Laß uns vor
dem Herrn niederfallen, und ſeine Erbarm-
niſſe anflehen; laß uns zu dem Ewigen ru-
fen: O Gott! gib deine Gerichte dem Könige
deſſen Herz du in deinen Händen trägſt und
auf jene Seite zu leiten weiſt, welche dir
beliebt iſt. Wer weis, ob ſich nicht das gü-
tige Auge des Himmels auf uns in Gnaden
wende, den uns dreiſig drohenden Amman
ſtürzen und unſere Geſalbten erhalte?

Mehr weis ich dir dermal nicht zu ra-
then. Laß uns beyneben nicht aufhören in
einem ſolchen Wandel zu erſcheinen, an welchem die Welt wenigſtens mit Grunde nichts
zu tadeln findet; damit unſre Feinde auch
währenden ihren Verfolgungsthaten ſich zu
ſchämen haben. Unterlaſſen wir zugleich nicht
um gute und nach Salomons Vorſchrift ein-
gerichtete Erziehung junger Leute bey dem

Aller-

Allerhöchsten anzuhalten; damit sie nicht unter allzunachsichtiger Zucht starkgewordene unbeugsame Leidenschaften in die Klöster mitbringen, welche nicht ehe, als mit ihnen selbst absterben, vielmehr zum Aergernisse der Welt sich immer weiter ausbreiten.

Hier hast du nun meine ganze Antwort, Allerliebster! Ich weis es, sie ist nicht systematisch abgefaßt. Ich schrieb übereilt, weil ich deinen Kummer bald wollte gelindert wissen: Ich schreibe, wie Leute zu schreiben pflegen, die von tausend Gegenständen innerlich beunruhiget sind. Doch schrieb ich auch wie ein Freund, der seinem Vertrauten die platte Wahrheit entdeckt. *) Gehabe dich wohl. Ich bin

Dein

Redlichster.

---

*) Darüber wäre noch viel zu erinnern. Doch sieht man hieraus, was beym vertrauten Mönche Wahrheit sey, und wie künstlich er sich hinter selbe zu verbergen wisse, wenn er alles lästert, was noch nicht nach der Mönchskappe zugeschnitten ist.